The Provisional Government of the Republic of Korea in Shanghai

Japan brutally ruled Korea for 35 years, from 1910 to 1945. The Japanese occupation period was a time of tribulation for our nation. Koreans suffered from Japan's brutalities, and independence activists were jailed, tortured, or killed. However, Koreans fought for the country's independence from Japan. On March 1, 1919, 33 Korean leaders signed a declaration of independence and led a huge demonstration. A number of massive demonstrations followed in Korea wherever the proclamation was read. The March 1st movement played an important role in the efforts for the independence of Korea.

The Korean Provisional Government was formed in response to the March 1st Japanese suppression movement. The Korean Provisional Government was a government in exile organized in Shanghai by Korean independence activists in April 1919.

With the establishment of the provisional government, Korea was able to make more concerted efforts toward achieving independence from Japan, and it made immediate contacts with various independence groups both at home and abroad. The national independence movement became more systematically organized with the interim government at its center.

It's been 100 years since the Korean Provisional Government was established in Shanghai, China. During the past 100 years, much has changed. But, there is one thing we should not forget. We should remember how much our ancestors struggled for our country's independence.

This book is about Gi-Sun, a girl who witnessed the activities of the interim government and independence activists. Reading this book would be a valuable experience in learning about our ancestor's fighting spirit. Let's not forget about the brave independence activists who died for our country!

여기가
상해 임시 정부입니다

바우솔 작은 어린이 31

여기가 상해 임시 정부입니다
The Provisional Government of the Republic of Korea in Shanghai

1판 1쇄 | 2018년 4월 2일
1판 9쇄 | 2024년 8월 30일

글 | 장성자
그림 | 허구

펴낸이 | 박현진
펴낸곳 | (주)풀과바람
주소 | 경기도 파주시 회동길 329(서패동, 파주출판도시)
전화 | 031) 955-9655~6
팩스 | 031) 955-9657
출판등록 | 2000년 4월 24일 제20-328호
블로그 | blog.naver.com/grassandwind
이메일 | grassandwind@hanmail.net

편집 | 이영란
디자인 | 박기준
마케팅 | 이승민

ⓒ 글 장성자, 그림 허구, 2018
이 책의 출판권은 (주)풀과바람에 있습니다.
저작권법에 의해 보호를 받는 저작물이므로 무단 전재와 복제를 금합니다.

값 9,800원
ISBN 978-89-8389-746-6 73810

※잘못 만들어진 책은 구입처에서 바꾸어 드립니다.

이 도서의 국립중앙도서관 출판예정도서목록(CIP)은 서지정보유통지원시스템 홈페이지(seoji.nl.go.kr)와
국가자료공동목록시스템(www.nl.go.kr/kolisnet)에서 이용하실 수 있습니다. (CIP제어번호 : CIP2018006593)

제품명 여기가 상해 임시 정부입니다	제조자명 (주)풀과바람	제조국명 대한민국
전화번호 031)955-9655~6	주소 경기도 파주시 회동길 329
제조년월 2024년 8월 30일	사용 연령 8세 이상

KC마크는 이 제품이 공통안전기준에 적합하였음을 의미합니다.

⚠ 주의
어린이가 책 모서리에
다치지 않게 주의하세요.

바우솔 작은 어린이 31

여기가 상해 임시 정부입니다

장성자 글 | 허구 그림

바우솔

머리글

　올해는 대한민국 임시 정부가 상하이에서 수립된 지 100년이 되는 해입니다. '임시 정부'라는 말 속에는 우리나라 역사의 아픔과 희망이 그대로 들어 있지요.

　우리 민족에겐 나라가 없었던 때가 있었습니다. 무려 35년 동안 말입니다. 아이가 태어나서 초등학생이 되고, 청년이 되고, 결혼하여 낳은 아이가 자라는 그 긴 시간 동안 우리 민족은 일본에 나라를 빼앗겨 일본의 통치를 받았지요. 이 시기를 우리는 일제 강점기라고 부릅니다.

　일제 강점기는 항일 투쟁기이기도 합니다. 빼앗긴 나라를 찾기 위하여 끊임없이 일본에 맞서 독립운동을 한 시기이지요. 독립을 기다리는 마음은 어른과 아이가 다르지 않았고, 여자와 남자가 다르지 않았어요. 하지만 일본의 총칼에 맞서 저항하기는 쉽지 않았습니다. 일본 경찰은 물론이고 학교 선생님들까지도 총칼을 차고 수업했으니까요.

　독립 만세를 외쳤던 1919년 3월 1일 이후로 일본의 감시와 폭력은 더

심해졌어요. 그래서 많은 사람이 만주와 중국, 러시아와 미국 등 외국에서 독립운동을 하게 되었어요. 이 과정에서 우리 민족을 하나로 묶어 줄 정부가 필요해 '대한민국 임시 정부'가 만들어지게 되었답니다. 나라를 빼앗긴 상태였으니 '임시'라는 말이 붙을 수밖에 없었지요.

'상하이 임시 정부'에 대한 다큐멘터리를 본 적이 있습니다. 임시 정부 요인들은 일본의 감시를 피해 독립운동을 해야 했고, 그 가족들은 당장 끼니를 걱정해야 하는 힘든 삶을 살았습니다. 그 가운데 제일 힘든 건 '망국노'라는 놀림을 듣는 거였답니다. 당시 어린아이였던 어느 할머니의 떨리는 목소리가 지금도 들리는 듯합니다.

100년의 세월이 흐르는 동안 많은 것들이 변했고, 많은 것들이 잊혔습니다. 잊지 말아야 할 것까지 잊고 사는 건 아닌지 반성해 봅니다.

'망국노'의 설움에 아파하며 독립을 위해 싸웠던 그때 우리나라 사람들의 마음을 위로해 주고 싶습니다. 특히 아이들의 어깨를 가만히 안아 주고 싶습니다.

지금 우리는 우리나라 대한민국에서 자유롭게 당당하게 살고 있습니다. 고맙습니다.

장성자

차례

망국노	9
손님	19
상해에서 꾸는 꿈	29
임정 사무실	40
문지기 아저씨	50
마지막 사진	58
훙커우 공원	65
한인 애국단	74
약속	84

망국노

"야, 한 번에 받아야지. 콩콩 두 번에 받으면 안 된다고!"

화가 머리끝까지 나서 기선이 소리쳤다.

"우린 두 번에 받아도 되는데."

리웨이가 기선이 눈을 피하며 꿍얼거렸다.

공기놀이할 때 정한 약속을 리웨이가 또 깨 버렸다. 오늘만 벌써 세 번째다. 리웨이 앞에 반칙으로 딴 공깃돌이 수북했다. 항상 먼저 놀자고 하고선 약속도 안 지키는 아이다. 기선이 벌떡 일어섰다.

"거짓말. 이 동네는 원래 공기놀이 없었거든. 새로 만들어진 거거든. 그리고 나랑 놀 땐 우리 법대로 하기로 했잖아!"

기선이 팔짱을 끼고 또박또박 말했다. 이번엔 진짜 봐주지 않을 셈이다. 그런데 리웨이가 천천히 일어서더니 목을 옆으로 꺾고는 콧바람을 핑 내뿜었다.

"너희 법이 어디 있어? 망국노(나라 잃은 노예) 주제에."

"뭐?"

기선의 팔짱이 스르르 풀렸다.

"나라도 없는데 법이 어디 있냐고?"

리웨이의 혀가 빼꼼히 나왔다가 쏙 들어갔다.

"왜 나라가 없어? 우리, 우리나라는……"

"우리나라는… 뭐?"

리웨이가 입을 비죽이며 힘없이 떨리는 기선의 말을 따라 했다. 기선이 있는 힘껏 눈을 부라렸지만, 리웨이는 피식 웃으며 돌아섰다.

리웨이는 주인집 딸이다. 자전거포도 두 개나 있는 부잣집 딸이다. 돌아서서 걸어가는 리웨이의 엉덩이가 기선을 놀리는 것 같았다. 기선은 자기도 모르게 무릎을 구부려 두 손 가득 공깃돌을 담았다.

"야, 이 반칙쟁이야!"

기선이 리웨이의 등에 공깃돌을 확 던지며 소리쳤다.

"우리는 망국노가 아니야. 우리는, 우리나라는!"

인성 학교 선생님들이 하던 말을 하고 싶었지만, 입속에서만 맴돌아서 너무 속상했다. 공깃돌을 왕창 맞은 리웨이가 어깨를 움츠렸다가 고개를 들어 주위를 살폈다.

"오빠!"

건너편에 있던 리장이 이마를 찌푸리며 리웨이를 살폈다. 리장이 뭐라고 중얼거리며 달려왔다. 기선은 주춤주춤 뒷걸음질을 치다가 돌아서서 냅다 뛰었다. 턱선에 맞춰 깡충 자른 단발머리가 봄바람에 휙휙 날렸다. 봄이지만 아직 추웠다. 얼굴이 시렸다.

"두고 봐. 다시는 안 놀아."

기선은 두 손으로 얼굴을 비비며 씩씩거렸다.

터덜터덜 걷다 보니, 주위가 점점 어두워졌다. 빨리 와서 편지를 쓰라고 했던 엄마 말이 생각났다. 무슨 편지인지 뻔했다.

"어머님 전상서. 두루 평안하시길 바라옵고, 지난번에 보내 주신 아범 약값은 잘 받았습니다. 염치없지만……."

기선은 엄마가 불러 주는 대로 몇 번이나 쓰던 편지 내용을 중얼거렸다. 엄마는 매번 이런저런 이유를 대며 돈을 보내 달라고 했다. 이번에는 누구에게, 무슨 이유를 대서 돈을 보내 달라고 할지. 가끔 미국으로 편지를 보낼 때도 있었다.

사실 아빠는 약값으로 온 돈을 들고 병원에 간다고 나가서는 아직 오지 않았다. 두 달도 넘은 것 같다.

엄마는 아빠가 병원에 입원했다가, 다롄과 난징으로 가서 장사한다고 했다. 전화도 않고 편지도 주고받지 않는 아빠의 소식을 엄마는 어쩜 그렇게 잘 아는지 모르겠다.

"무슨 생각을 그리 하시나?"

기선이 고개를 들자, 문지기 아저씨가 기선을 빤히 보고 있었다. 임정 사무실 앞이었다. 중국 남자처럼 긴 옷을 입은 아저씨는 빗자루를 들고 있었다.

"또 청소하세요?"

"으응, 골목이 지저분해서……."

아저씨는 쓰레기를 빗자루로 쓸어 한쪽으로 모았다. 한참을 올려다보아야 할 만큼 키 큰 아저씨가 작은 빗자루를 들고 골목을 쓰는 모습이 만화 속 그림 같았다.

"아저씨는 여기서 별일을 다 하시네요. 전에 양복 쫙 빼입은 신사들이 사진 찍을 땐, 의자도 정리하고 차도 끓이고 했잖아요."

아빠가 사진을 찍으러 왔을 때, 졸라서 따라온 적이 있었다. 자신을 문지기라고 했던 아저씨가 이 일 저 일 다 하는 게 이상했다.

"문지기도 좋고 심부름꾼도 좋다. 무슨 일을 한들 어떠냐……."

아저씨는 사람들이 오가는 거리를 살폈다. 마치 누구를 기다리는 것 같았다. 기선도 거리를 살폈다. 오늘이라도 아빠가 왔으면 좋겠다.

제아무리 리웨이 할아버지가 혼을 낸다 해도, 아빠만 있으면 기선은 무서울 게 없었다. 아빠는 아까 기선이 제대로 못 했던 말을 해 줄 것이다. 아빠는 장사하러 다니지만, 공부도 많이 하고 책도 많이 읽었으니까.

"우리 아빠도 사진만 찍어서는 먹고 살기 힘들다고 여기저기 장사하러 다니는데, 휴……."

기선은 동네 아줌마들처럼 한숨을 푹 쉬었다.

"아버지 보고 싶지?"

기선이 고개를 끄덕였다.

"일 마치고 오고 계실 거다. 나도 보고 싶구나."

"우리 아빠한테 뭐 부탁한 거 있어요?"

아빠가 이곳저곳 장사를 다녀서 그런지, 주위 사람들이 부탁하는 일이 많았다.

"큰 부탁을 했지."

아저씨가 또 거리를 살폈다.

"참, 아저씨. 이곳은 뭐 하는 곳이에요?"

기선이 3층짜리 집을 올려다보며 물었다. 임정 사무실이라고는 불렀지만, 무슨 일을 하는 곳인지는 잘 몰랐다. 가끔 보이던 신사들이 요즘은 잘 보이지 않았다. 그런데도 문지기 아저씨는 거의 매일 청소했다.

"여기는 말이다, 아니다. 어서 집에 가거라. 요즘 상해(상하이) 분위기가 좋지 않구나."

손님

"윤가네 쌈닭이 인제야 오시는구먼. 아니, 어디다 대고 돌멩이를 던지니 던지길!"

리웨이 엄마가 기선을 향해 삿대질하며 중국 말로 따발총을 쏘아댔다. 이럴 줄 알고 날이 캄캄해진 뒤에 왔는데, 집 앞이 바로 자전거포다.

기선은 무서웠지만, 고개를 숙이진 않았다. 오히려 눈을 내리깔고 리웨이가 있을 만한 곳을 찾아 쏘아보면서 집으로 갔다. 집에 가면 엄마에게 또 잔소리를 들어야 한다. 조심스레 골목을 돌았다.

"이제 오니?"

"어?"

대문 앞에 아빠가 서 있었다.

"아빠!"

"우리 기선이, 아빠 기다리다 지쳐서 쌈닭이 되셨나?"

아빠가 기선을 안아 올렸다.

기선은 아빠의 어깨에 얼굴을 묻고 냄새를 맡았다. 아빠에게선 항상 오만 가지 냄새가 났다. 바다 냄새도 나고, 나무 냄새, 흙냄새, 땀 냄새……. 아빠가 돌아다닌 고장의 냄새들이 아빠에게 달라붙어 따라오는 것 같았다.

"아빠, 이번엔 돈 좀 벌어 왔지?"

아빠가 온 것만도 좋지만, 다섯 식구가 살려면 아빠가 돈을 많이 벌어 와야 한다. 엄마가 아빠에게 잔소리하지 않으니 맏딸인 기선이가 잔소리할 수밖에 없었다. 아빠가 슬며시 기선을 내리고 머리를 긁적였다.

"아이코 내 정신, 손님이 오셨으니 인사해라."

아빠는 기선이의 돈 생각을 날릴 방도를 찾은 듯 환하게 웃기까지 했다.

"또 누구?"

손님이 온 게 한두 번인가. 돈은 안 벌어 오고 손님만 달고 오는 아빠. 기선은 퉁탕거리며 마당을 지나 바로 방으로 들어가려 했다. 손님이 누구인지 하나도 궁금하지 않았다.

"안녕. 이거 선물인데……."

선물이란 말에 기선의 발이 방문 앞에서 멈췄다. 입을 꽉 다물고 눈을 새치름하게 뜨고 선물이란 말이 들려오는 쪽을 보았다. 마당 전등 불빛에 손님의 모습이 보였다.

단정히 빗어 넘긴 머리, 단단히 단추를 채운 양복 매무새가 꼭 선생님 같았다. 기선은 손님이 들고 있는 종이로 싼 물건을 보았다.

'돼지고기였으면…….'

리웨이가 만날 지글지글 구워 먹는다는 돼지고기. 기선은 입맛을 다셨다.

"내려와서 받지 않고. 삼촌 고맙습니다, 해야지."

엄마가 손짓했다. 기선은 못 이기는 척 댓돌 아래로 내려갔다. 그런데 선물을 받는 순간 기선은 더욱 배고파졌다. 만져 보니 책 아니면 공책이었다.

"인성 학교에 다닌다고 들었다. 열심히 공부해라. 우리나라의 희망은 너희란다. 안 그렇습니까. 형님."

선생님이 맞긴 맞나 보다. 아빠도 고개를 끄덕이며 웃었다. 문득 리웨이가 했던 말이 떠올라 괜히 심술이 났다.

"우리나라가 어디 있어요?"

"뭐?"

놀란 건 손님뿐만이 아니었다. 아빠의 표정이 싹 굳어졌다.

엄마는 부엌 앞에서 누런 배추 잎사귀를 다듬다가 엉거주춤 일어섰다. 순간, 잘못 말했다는 생각이 들었다. 하지만 이미 뱉은 말이다.

"우린 망국노잖아요. 중국 애들도, 프랑스 애들도, 다른 서양 애들도 다 그러던걸. 망국노라고!"

말하다 보니 정말 화가 났다.

"이딴 선물 싫어요. 이런 거로 공부하면 뭐 해. 망국노가 공부하면 뭐 해!"

기선은 받아든 선물을 마당에 집어 던지고 방으로 뛰어 들어가 문을 탁 닫았다.

된장국 냄새가 코끝을 간질였다. 기선이 잠결에 코를 벌름거리다가 일어나 앉았다. 이불 옆에 상을 놓고 엄마와 동생들이 밥을 먹고 있었다.

"누나, 학교 안 가?"

다섯 살 동생이 눈을 깜빡이며 물었다.

"벌써 아침이야? 근데 왜 안 깨웠어? 밥 먹으란 소리도 않고."

기선이 후다닥 일어나 밥상 앞에 앉았다. 밥상에는 남은 밥이 없었다.

"놀림 몇 마디 들었다고 질질 짜고 다니는 애한테는 밥 못 준다."

동생들이 숟가락을 물고 엄마의 눈치를 살폈다.

"학교 가기 싫으면 안 가도 돼. 오늘부터 엄마하고 상해 호텔 가서 변소 청소하고, 시장에 가서 먹을 만한 거 주워서 갖고 오자."

기선은 찍소리도 못했다.

"잘 잤니?"

어제 온 삼촌이 친근하게 부르며 인사했다.

"형수님, 기선이 너무 혼내지 마세요. 기선이 덕분에 정신이 번쩍 났습니다."

삼촌이 방 쪽으로 조금 소리를 높여 말하며, 기선에게 눈을 찡긋했다.

"어서 세수해라. 인성 학교에 친구가 있어서 가 보고 싶구나. 가다가 풀빵 사 주마."

끝말은 기선이도 겨우 들을 정도로 작게 말했다. 기선이 배시시 웃으며 평상 위에 놓인 선물을 들었다.

"삼촌은 이름이 뭐예요?"

"난 이름보다는 별명으로 많이 불린다. 앞으로 봉길이 삼촌이라고 불러라."

상해에서 꾸는 꿈

 기선은 친구들에게 어제 있었던 일을 이야기했다. 친구들은 가슴을 쿵쿵 쳤다.

 "그래서? 대거리 한번 못했단 말이야?"

 리웨이보다 자신에게 더 화를 내는 것 같아 기선은 조금 부끄러워졌다.

 "우리 같이 복수해 주자. 우리 오빠도 며칠 전에 그렇게 말하는 놈을 흠씬 두들겨 줬대."

 "다시는 고 계집애 입에서 그런 소리 못 나오게 확실하게 혼내 주자."

친구들이 작전을 짜는 동안 기선은 불안했다. 리웨이가 공기놀이할 땐 욕심이 나서 그러지만, 원래 착한 아이였다. 그리고 복수했다고 집을 내놓으라고 하면 큰일이었다.

작전은 간단했다. 한 번에 큰 효과를 낼 수 있는 복수가 진짜 복수라고 누군가 아는 척했다.

기선이는 밤 10시쯤, 리웨이를 불러내기만 하면 된다. 그러면 강시 복장을 하거나, 하얀 이불 홑청을 뒤집어쓴 친구들이 나타나 '너를 잡으러 온 귀신이다!' 하고 리웨이를 놀라게 한다.

그런 뒤 리웨이를 집이 아닌 공터 쪽으로 몰고 가서 '한 번 더 망국노라고 하면 잡아먹겠다!' 하고 겁을 주는 거다.

밤이 되자, 어둠이 먹물처럼 캄캄하게 깔렸다. 기선은 망설이다가 리웨이를 불렀다.

리웨이는 아무것도 모르고 집 앞으로 나왔다. 리웨이가 지금이라도 미안하다는 말을 하면 귀신 작전은 쓰지 않을 참이었다. 그런데 리웨이는 옆으로 돌아서서 팔짱을 끼고 턱을 치켜들고 서 있기만 했다. 기선이 먼저 미안하다고 말하길 기다리는 듯했다.

'치, 어디 혼 좀 나봐라.'

기선은 망설이던 마음을 접고 리웨이를 대문 밖 도로 쪽으로 데려갔다. 그때 골목에 있던 가짜 강시들이 콩콩콩 뛰며 나타났다.

"우리는 너를 잡으러 무덤에서 나온 강시다!"

"엄마야!"

리웨이는 그 자리에서 얼어붙었다.

"너를 잡아가겠다."

"한 번 더 망국노라고 하면 잡아먹겠다!"

"아악! 리웨이 살려!"

리웨이가 고래고래 소리를 지르며 도망치기 시작했다.

커다란 비명에 리웨이 집에서 웅성웅성 소리가 났다. 다른 집에서도 불이 켜지며 사람들이 문을 열고 나왔다.

강시들은 아랑곳하지 않은 채 리웨이를 계속 쫓았다. 기선은 두 손을 맞잡고 숨어서 이 광경을 지켜보았다.

"너를 잡으러 온 귀신이다!"

"혼쭐나고 싶지 않으면 알아서 해!"

"한 번 더 망국노라고 하면 가만두지 않겠다."

사람들이 우왕좌왕하는 사이 공터 쪽에서 리웨이는 죽어라 울고, 귀신들은 소리를 질러댔다. 그때 누군가 공터 쪽으로 잽싸게 뛰어갔다. 공터에서 아이들의 소리가 그쳤다.

잠시 뒤 웬 남자가 리웨이를 안고 집 쪽으로 왔다. 기선은 두 손으로 입을 막았다. 리웨이를 안고 오는 사람은 바로 봉길이 삼촌이었다. 덩치도 큰 리웨이가 폭 안겨서 흐느끼고 있었다. 리웨이 엄마가 발작하다시피 놀라서 리웨이를 받아 안았다.

"누구야! 누가, 도대체 누가!"

"아까 기선이가 불러서 나갔잖아."

리장이 얼굴을 휙휙 돌리며 주위를 살폈다.

"기선이!"

리웨이 엄마가 소리쳤고 리장이 기선의 집으로 달려갔다. 아빠와 엄마가 달려 나와 리웨이 엄마에게 굽실거리며 사과했다.

　순간, 기선의 눈에 불꽃이 일었다. 리웨이가 망국노라고 놀린 걸 뻔히 알면서 아빠와 엄마는 허리를 숙이고 있었다.

　기선에게 밥도 안 주던 당당한 모습은 온데간데없었다. 당장 쫓겨날까 봐 허리를 숙이는 부모님의 행동이 너무 실망스러웠다.

기선은 동네 사람들이 다 돌아갈 때까지 힘없이 골목에 있다가 집으로 갔다.

방 두 개에서 나온 불빛에 마당이 어슴푸레 밝았다. 기선은 댓돌로 올라가다가 리웨이를 안고 오던 봉길이 삼촌이 생각나 입을 비죽거렸다.

'이젠 편도 안 들어주고 풀빵도 안 사 주겠지.'

다음 날, 기선은 입을 부루퉁하게 내밀고 아침 밥상 앞에 앉았다. 봉길이 삼촌도 있었다.

"리웨이 엄마가 집 내놓으라고 할까 봐 겁났어요? 굽실거리게?"

기선은 리웨이를 놀라게 한 자신의 잘못보다 아빠와 엄마의 행동을 따져 물었다. 아빠와 엄마는 별말 없이 밥을 먹었다.

"너희 방법이 좀 비겁했지?"

봉길이 삼촌이 슬쩍 웃으며 말했다.

"왜 그런지 다 알면서……."

기선이 꿍얼거리자 아빠가 숟가락을 놓았다.

"기선아, 살다 보면 어느 때고 놀림을 받을 수 있다. 그렇다고 당장 가볍게 행동하면 그다음 중요한 일을 못 할 수가 있어. 우리는 상해에서 할 일이 많다."

기선은 학교 갈 준비를 마치고 마당을 서성였다. 봉길이 삼촌과 같이 나가고 싶었다. 다행히 삼촌도 외출했다. 인성 학교 앞에서 삼촌이 물었다.

"기선이는 커서 뭐가 되고 싶니?"

뜬금없는 말에 기선이 우물쭈물하다가 대답했다.

"선, 생님이 되고 싶긴 한데요."

망국노가 공부하면 뭐 하냐고 공책을 내팽개쳤던 게 생각나 얼굴이 달아올랐다. 그리고 조선 사람이 중국에서 선생님이 되는 게 가능한지도 잘 몰랐다.

"기선이가 꼭 우리나라에서 꿈을 이룰 수 있게 해 주마."

봉길이 삼촌은 마치 스스로 다짐하는 것처럼 힘주어 말했다.

"우리나라에서요?"

기선은 열 살이 되도록, 할머니와 다른 친척이 사는 우리나라에 가 본 적이 없었다.

아빠와 엄마는 1919년 3월 1일에 '대한 독립 만세'를 불렀다가 일본 경찰에게 쫓겨 상해로 왔다고 했다. 두 분은 상해에서 결혼했다. 기선은 가끔 자신이 태어난 상해가 고향 같았다. 그런데 중국 아이들이나 서양 아이들이 망국노라고 놀릴 때, 열이 머리끝까지 뻗치는 걸 보면 기선의 고향은 아직 가 보지 못한 우리나라가 분명했다.

기선은 돌아서 가는 봉길이 삼촌을 보며 한숨을 내쉬었다.

'우리나라에서 선생님이 되게 해 준다고? 일본에 빼앗긴 우리나라에서……?'

임정 사무실

　며칠 동안 봉길이 삼촌은 집에 오지 않았다. 기선은 아침이면 마당을 살폈고, 저녁에 대문을 닫기 전에 골목을 다시 확인했다. 봉길이 삼촌도 거쳐 가는 손님일 텐데, 기선은 삼촌을 기다리는 자신이 우스웠다. 우리나라에서 선생님이 되게 해 준다는 말 때문인 것도 같았다. 흰소리라고 생각하면서도 그 말만 생각하면 가슴이 두근거렸다.

　아빠도 장사하러 가지 않았지만, 자주 새벽에 들어왔다. 기선은 혹시나 봉길이 삼촌 얘기가 나올까 봐 자는 척하면서도 부모님이 나누는 얘기를 듣고 있었다.

"제대로 싸워 보겠다더군."

"두 분이 만났으니, 일이 진척되겠네요."

아빠의 입에서 봉길이란 이름은 나오지 않았다.

"지금 도시락과 물통을 제조하고 있는데. 휴, 뻔히 죽음의 길인 걸 알면서도······."

기선이 벌떡 일어나 물었다.

"누가 죽어요?"

대답을 기다리지 못하고 기선이 또 물었다.

"봉길이 삼촌 아니지요?"

"으응, 어서 자라."

독립운동하는 많은 사람이 죽었다고 했다. 얼마 전에는 상해 주변에서 일본이 전쟁을 일으켜 또 많은 사람이 죽었고, 상해도 일본이 점령하게 되었다. 기선은 아빠가 독립운동을 하지 않고 장사하러 다녀서 다행이라는 생각을 가끔 했다.

하지만 인성 학교 선생님이나 친구들에겐 그런 말을 하지는 못했다. 봉길이 삼촌도 흰소리하다가 얼른 집으로 갔으면 좋겠다는 생각이 들었다.

일요일 낮, 기선은 좀 심심해졌다. 그렇다고 리웨이를 불러서 놀 생각은 없었다.

기선은 집을 나와 혼자 거리를 돌아다녔다. 서양 아이들과 일본 아이들 몇이 어울려 다녔다. 상해를 점령한 일본 군대 덕분에 일본 아이들의 눈은 머리 꼭대기에 있는 것 같았다.

"어?"

집으로 가다가 기선이 걸음을 멈췄다. 봉길이 삼촌이 차가 다니는 도로 건너편에서 기선과 반대 방향으로 걸어가고 있었다.

삼촌은 무슨 생각을 하는지 고개를 들지도 않고 천천히 걸었다. 그러다가 하늘을 보며 머리를 쓸어 넘겼다. 기선은 슬며시 웃으며 삼촌을 따라갔다. 돌부리에 걸려 넘어질 뻔하면서도 삼촌에게서 눈을 떼지 않았다.

'삼촌을 불러 볼까?'

기선이 막 입을 떼려는 순간, 삼촌이 발걸음을 멈추더니 잠깐 주위를 살폈다. 그러고는 문지기 아저씨가 비질하던 골목, 임정 사무실 건물 안으로 들어갔다. 기선은 고개를 갸웃하다가 눈이 더 동그래졌다.

"아, 빠?"

언제 왔는지 아빠도 주위를 살피며 임정 사무실로 들어갔다. 기선의 발이 자기도 모르게 아빠를 따라갔다.

문은 다행히 열려 있었다. 1층에는 기다란 탁자와 의자만 있고 아무도 없었다. 사람들이 사진도 찍고, 얘기도 많이 하던 곳이었다.

기선은 들어가서 부엌 쪽을 보았다. 조용했다.

'이상하다. 다들 어디 갔지?'

2층을 올려다보았다. 2층으로 올라가는 계단이 좁고 높았다.

"아빠."

아빠를 불러 보았다. 계단을 올라가니 방 두 개가 마주 보고 있었다. 문은 둘 다 닫혀 있었다. 기선은 한쪽 방의 문틈으로 안을 살피다가 피식 웃었다. 아는 사람들이 있는데 몰래 볼 필요가 없었다.

"똑, 똑, 똑."

기선이 문을 두드렸지만, 대꾸도 없고 나와 보는 사람도 없었다.

'문지기 아저씨도 있을 텐데……'

"문지기 아저씨!"

기선이 문틈에 입을 붙여 안에서 들리게 소리쳤다. 그제야 술렁거리는 소리가 들렸다.

"기선아."

아빠가 문을 벌컥 열고 나왔다.

"여긴 어떻게?"

"아빠가 여기 오는 거 봤어요. 집에 같이 가려고요."

아빠가 기선의 말을 들으며 방 앞에서 멋쩍은지 머리를 긁적였다.

"죄송합니다. 우리 딸이……."

아빠는 뭐가 그리 미안한 건지 계속 고개 숙여 사과했다.

"하하, 꼬마 숙녀님의 깜짝 방문이네요."

봉길이 삼촌이 너털웃음을 크게 터뜨렸다.

기선은 아빠의 허리춤 옆으로 삐죽 고개를 들이밀었다. 네모난 탁자를 가운데에 두고 문지기 아저씨와 봉길이 삼촌이 앉아 있었다. 그림과 글자가 적혀 있는 넓은 종이가 탁자 위에 펼쳐져 있었다.

기선의 눈길이 닿자, 봉길이 삼촌이 종이를 접어서 문지기 아저씨께 넘겼다. 아저씨는 탁자 옆 작은 책상 서랍에 종이를 밀어 넣었다.

"우리 윤 선생 딸이 왔는데 차 한 잔 내줘야지."

문지기 아저씨가 방에서 나와서 다른 방으로 갔다. 기선이 그 틈에 얼른 봉길이 삼촌 앞에 앉았다.

문지기 아저씨

"삼촌, 훙커우 공원(지금의 루쉰 공원)에서 뭐 해요?"

"응?"

"쨍그랑!"

봉길이 삼촌의 손에서 찻잔이 떨어져 산산조각이 났다. 아빠가 놀라서 어쩔 줄 몰라 했다.

"버릇없구나."

아빠가 눈을 부릅떴다.

"여기 있던 종이에 쓰여 있기에……."

봉길이 삼촌도 버릇없는 아이라고, 나중에 선생님은 어떻게 되려고 그러느냐 면박을 줄 것 같았다.

"삼촌이 훙커우 공원 앞에서 장사해 볼까 해서 말이야. 어떤 장사가 좋을까?"

삼촌은 아빠처럼 화를 내지 않았다.

"그래요? 풀빵 장사로 해요. 먹는 게 제일이에요."

그렇지 않으냐는 듯 기선은 아빠를 올려다보았다.

문지기 아저씨가 작은 찻잔을 탁자에 놓고, 기선을 보며 말했다.

"기선인 역시 똑똑하구나. 어디를 가더라도 잘살 거야. 암, 우리 대한민국 국민은 그렇게 살아야지."

인성 학교 선생님이 우리나라는 이제 조선이 아니라, 대한민국이라는 나라라고 했었다. 그래서 이제 우리는 누구의 백성이 아니라 국민이라고 했던 말도 생각났다.

'휴, 나라도 없는데 이름만 있으면 뭐한담.'

문지기 아저씨가 생각 없이 칭찬만 늘어놓는 것 같았다. 기선은 눈동자를 굴리다가 봉길이 삼촌과 눈이 마주쳤다. 삼촌이 입을 다문 채 미소를 지었다. 속마음을 들킨 것 같아 기선은 얼른 아빠를 보았다.

"아빠, 백성하고 국민이 다른 거예요?"

기선은 아빠가 문지기 아저씨에게 아는 척해 주길 바랐다.

"선생님, 선생님이 얘기해 주시죠."

아빠는 문지기 아저씨에게 선생님이라고 부르며 허리를 숙였다. 문지기 아저씨의 눈이 반짝 빛났다.

"백성과 국민은 누구의 지배를 받느냐, 아니냐의 큰 차이가 있지. 우리는 이제 임금의 지배를 받는 백성이 아니라, 한 사람 한 사람이 대한민국이란 나라의 국민이란다. 대한민국 정부의 보호를 받고, 나랏일에 당당히 참여할 수 있는 권리를 가진 한 사람, 한 사람 말이다."

낮지만 힘 있는 목소리로, 기선을 똑바로 보며 대한민국을 말하는 문지기 아저씨. 이 순간 아저씨는 그냥 문만 지키는 사람이 아닌 것 같았다.

"그럼, 대한민국 정부는 어디 있어요? 어디에 있기에, 일본이 우리나라를 빼앗고 국민을 괴롭혀도 가만히 있는 거예요?"

기선이 정말 묻고 싶은 말이었다.

문지기 아저씨의 얼굴이 흙빛이 되었다. 봉길이 삼촌의 눈동자도 흔들렸다. 아빠의 어깨가 축 늘어졌다.
문지기 아저씨가 크게 숨을 내쉰 뒤 말했다.
"기선아, 네가 지금 앉아 있는 이곳이 대한민국 정부가 일하는 곳이란다."
'에게, 이렇게 좁은 방이?'
기선이네 다섯 식구가 자는 방보다도 더 작은 것 같았다.

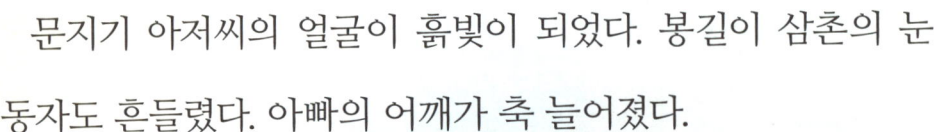

"안타깝게도 나라를 빼앗긴 상태이니, 지금은 임시로 정부를 구성해서 일하고 있지."

'임시로? 임시로 만든 정부에서 무슨 일을 해?'

문지기 아저씨는 잠시 생각하듯 눈을 감고 있다가, 눈을 뜨고 힘을 주며 말했다.

"정부는 국민을 보호해야 하지만, 나라를 찾는 게 우선이니 독립운동에 온 힘을 쏟고 있단다."

드나드는 사람도 거의 없이 문지기 아저씨만 골목을 비질하는 이곳이 우리나라 대한민국 정부라니. 불현듯 남의 나라에 왔어도 조계지에서 당당히 사는 서양 아이들이 생각났다. 규칙을 맘대로 깨뜨려도 당당했던 리웨이가 떠올랐다. 모두 나라가 있고 정부가 있어서 그런 것 같았다.

기선은 임시 정부 사무실을 천천히 둘러보았다. 봉길이 삼촌의 등 뒤로 태극기가 그려진 액자가 벽에 걸려 있었다. 기선의 눈을 따라가다가 문지기 아저씨가 다정하게 말했다.

"기선이 눈에 걱정이 가득하구나. 걱정하지 마라. 이제 곧 크고 힘 있는 우리나라의 정부가 될 테니."

마지막 사진

아빠의 재촉으로 임정 사무실을 나왔지만, 기선의 머리는 복잡했다. 무엇보다 문지기 아저씨의 정체가 궁금했다.

'왜 문지기라고 자신을 소개했을까. 일본 경찰의 눈을 피하려고?'

그럴 수도 있었다. 기선은 자신이 독립운동하는 정부의 요인이 된 듯 주위를 살폈다.

걷다 보니 일본 조계지의 시장 근처였다. 시장 상인들은 무척 들떠 있는 것 같았다. 큰 소리로 떠들진 않았지만, 가게 앞에 쌓아놓은 물건들도 많았고, 특히 음식 재료를 파는 가게에 사람들이 많이 몰려 있었다.

"너는 무얼 사러 왔니?"

일본 상인이 기선에게 물었다. 기선은 일본 말을 알아듣고 조금은 할 줄도 알았지만 그냥 어깨만 으쓱했다.

"이틀 뒤면 훙커우 공원이 시끌벅적하겠구나."

'훙커우 공원?'

그제야 일본 왕의 생일을 축하하고, 일본군이 전쟁에서 이겨 상해를 점령한 것을 기념한다는 소문을 들은 기억이 났다. 그래서 일본 사람들이 도시락을 싸기 위해 모여 시장이 북적거린 것이다.

'전쟁 일으켜서 사람들 죽인 게 무슨 자랑이라고. 아하!'

갑자기 좋은 생각이 떠올랐다. 기선은 다시 임정 사무실로 뛰어갔다. 봉길이 삼촌은 풀빵 장사가 아니라 도시락 장사를 해야 한다. 삼촌은 도시락을 쌀 줄 모르니까 엄마와 기선이 같이 돕고 이문을 나눠 가지면 될 것이다. 기념식을 하든 말든, 도시락을 팔며 돈을 받는 상상에 발걸음이 가벼웠다.

2층은 또 잠겨 있었다. 큰 소리로 아빠를 부르려다 기선은 가만히 있었다. 아까는 없던 사람의 목소리도 들리는 듯했다.

"어서 찍어 주십시오. 형님."

봉길이 삼촌이 말했다. 아빠는 오늘 사진을 찍어 주러 왔나 보다. 기선은 사진을 다 찍을 때까지 기다리기로 했다. 누군가 왔다 갔다 하면 사진 찍을 때 집중이 안 된다고 했다.

"윤 선생……."

문지기 아저씨가 아빠를 나직이 불렀다. 아빠가 사진을 찍지 못하는 것 같았다. 기선은 고개를 갸웃하고, 문틈으로 안을 보려고 눈을 요리조리 굴렸다.

"봉창이가 환하게 웃으며 마지막으로 사진을 찍던 모습이 떠올라서……."

아빠의 목소리가 떨렸고 입이 말랐는지 말이 끊겼다가 이어졌다.

"언제까지 이런 사진들을 찍어야 하는지……."

'봉창? 누구지?'

기선이 봉창이라는 이름을 기억해내려는 사이 또 말이 들렸다.

"마음 약하게 먹지 마십시오. 형님."

봉길이 삼촌의 목소리는 힘이 있었다.

"고맙네."

사진을 찍는 소리가 들렸다.

잠시 뒤 문이 열리고 문지기 아저씨와 못 보던 사람이 나왔다. 문지기 아저씨만큼이나 키가 큰 서양 남자였다. 기선을 보는 문지기 아저씨의 눈이 빨갰다. 기선은 눈을 끔벅이다가 사무실 안을 향해 소리를 쳤다.

"봉길이 삼촌! 훙커우 공원에서 풀빵 말고 도시락 장사하면 어때요? 엄마랑 나랑 같이요. 거기서 무슨 기념식을 한대요."

기선은 이상한 분위기가 느껴져 빨리 말하고 나가려 했다.

"그래? 어쩌지?"

봉길이 삼촌이 나오지는 않고 큰 목소리로 대답했다.

"장사고 뭐고 유랑 삼아 이 넓은 땅을 좀 돌아다니고 싶어졌어."

"뭐라고요?"

기선이 어이가 없어 되물었다. 그러곤 대답도 듣기 싫어 돌아섰다.

"기선아, 훙커우 공원엔 절대 가면 안 된다."

문지기 아저씨가 기선의 어깨를 토닥였다.

"내가 거길 왜 가요? 장사도 안 하는데요!"

기선이 퉁탕거리며 계단을 내려갔다.

'일도 안 하고 놀러나 다니려 하다니. 순 대포쟁이!'

기선은 봉길이 삼촌을 걱정하던 마음을 싹 지우기로 했다.

훙커우 공원

아빠는 외출하려고 벌써 준비하고 있었다.

"아빠, 아침 일찍 어디 가세요?"

기선이 눈을 비비며 물었다.

"오늘 훙커우 공원에서 일본이 전승 기념식을 하잖니. 거기서 사진을 좀 찍으려고."

"꼭 찍어야 해요?"

아빠의 사진에 일본 사람들이 찍히는 게 싫었다.

"좋은 일도, 나쁜 일도, 힘든 일도 모두 기록하는 게 사진사가 할 일이지."

아빠는 사진 가방을 꽉 쥐고 일어섰다.

"국물이라도 한술 뜨고 가시지 않고……."

엄마가 조심스럽게 말했다.

"오늘 밥 못 먹는 사람이 나뿐이겠소."

아빠가 방에서 나가자 엄마가 도시락과 물통을 들고 따라나갔다.

기선이 학교에 가려고 마당에 나가니, 엄마는 평상에 멍하니 앉아 있었다. 엄마도 아빠가 일본 군인들을 찍는 게 마음에 안 들어 그런 것 같았다.

"엄마, 아빠가 봉창이라는 사람 사진 찍어 준 적 있어요?"

"있지."

"난 잘 모르겠는데, 누구예요?"

기선이 엄마 옆에 앉았다.

"지난 1월에 일본 왕한테 폭탄 던진 분, 한인 애국단 이봉창. 아빠도 그때 일본에서……. 에구, 어서 학교 가렴."

엄마가 정신을 차린 듯 일어섰다.

기선은 그제야 이봉창이란 사람을 떠올렸다. 일본 왕에게 폭탄을 던져 세계를 놀라게 한 사람이었다. 일본 왕을 죽이진 못했지만, 실패는 아니라고 선생님들이 자랑스럽게 얘기했었다.

아빠도 그때 일본에 있었다니, 장사하러 다닌 게 아니었다. 몇 달씩 장사하고 왔어도 돈이 없었던 이유를 알 것 같았다. 엄마가 할머니나 다른 사람들에게 돈을 보내 달라고 편지를 쓰는 이유를 알 것도 같았다.

'아빠는 그냥 사진만 찍는 게 아니었어. 아빠도······.'

"기선아."

학교 가는 길에 경옥이가 다가왔다.

"왜 그렇게 땅만 보고 걷니? 아빠랑 그 삼촌만 훙커우 공원에 가서 화났지?"

"내가 거길 왜 가. 참, 그 삼촌이라니?"

"그때, 리웨이 안고 갔던 삼촌."

기선은 뒤통수를 맞은 듯 잠깐 멍했다.

"지금 훙커우 공원에 갔다고?"

"응, 두 분이 도시락 들고. 아이처럼 물통도 메었던데?"

그럴 리가 없었다. 유랑 삼아 떠돌 거라고 했는데. 아니지, 떠돌기 전에 기념식이나 구경하려 했겠지. 기선은 머리를 흔들며 생각을 버리고 학교에 갔다.

그런데 기선은 뭔가 자꾸 불안했다. 경옥이에게 삼촌 얘기를 들었을 때부터 콩콩콩 뛰던 가슴이 멈추질 않았다. 기선은 선물로 받은 공책에 삼촌의 이름을 썼다. 이어서 생각나는 말들을 써 보았다.

"봉길이 삼촌, 아빠, 문지기 아저씨, 이봉창, 폭탄, 한인 애국단, 훙커우 공원, 도시락, 물통, 제조."

쓴 것을 입으로 중얼거리다가 기선은 벌떡 일어섰다.

'설마, 이봉창처럼?'

"지, 집에 두고 온 게 있어서요."

학교를 나와서 기선은 훙커우 공원이 어느 방향에 있는지 퍼뜩 생각나지 않아 두리번거렸다. 겨우 정신을 차리고 훙커우 공원으로 뛰어갔다.

공원에는 정말 사람이 많았다. 벌써 공원 안에 사람들이 다 들어가고 들어가지 못한 사람들이 공원 주위에 모여 있었다. 기념식이 시작되었는지, 확성기로 일본 말이 공원 밖까지 퍼져 나왔다. 공원 문이 닫혀서 기선은 들어갈 수가 없었다. 기선은 사람들 사이로 가서 공원 담을 돌며 아빠와 삼촌을 찾았다.

아빠와 삼촌이 무얼 하려는지 알 것 같았다. 머리에서 땀이 솟았다. 삼촌은 유랑을 떠나려는 게 아니었다. 대포쟁이가 아니었다. 봉길이 삼촌은 이봉창처럼 마지막으로 사진을 찍은 거였다.

"아빠, 삼촌……."

그때, 가끔 같이 놀았던 서양 아이들 몇과 일본 아이가 공원 안으로 들어가려는 것이 보였다.

'저 일본 아이 이름이 뭐더라? 뭐였더라?'

"아, 세이코! 세이코 상!"

기선이 악을 쓰며 부르자 세이코가 돌아보았다. 기선은 두 팔을 흔들며 세이코에게 웃어 보였다. 세이코가 사람들 사이를 빠져나와 기선에게 왔다.

"세이코 상, 나, 나도 들어가고 싶어. 네가 말 좀 해 줘. 너희 할아버지도 아빠도 높은 분이잖아. 응?"

세이코가 입을 삐죽거리다가 고개를 끄덕였다. 세이코가 문으로 향했고 기선도 따라갔다.

그런데, 일본 경찰이 안으로 들여보내 주지 않았다. 세이코가 어쩔 수 없다는 듯 돌아섰다. 기선은 다시 공원 안에 있는 아빠와 삼촌을 찾으려 담벼락을 따라 뛰어다녔다.

한인 애국단

　기념식 단상이 높아 사람들 사이로 기념식 모습이 얼핏얼핏 보였다. 일장기가 달린 깃대 아래로 일본 관리들이 마이크를 잡고 연설하고, 단상을 빙 둘러 경찰들이 호위하고 있었다. 단상 너머 넓은 공원에 수많은 일본 군인이 줄을 맞춰 서 있었다. 구경 온 사람들은 거의 다 일본인이었다.

　기선은 등에 사진기 줄을 맨 사람과 물통을 메고 머리를 뒤로 빗어 넘긴 사람을 찾았지만, 모두가 비슷해 보였고 모두가 아닌 것 같았다. 폴짝거리며 담장 안을 보는데 누가 기선의 어깨를 확 잡았다. 돌아보니 아빠였다. 아빠가 그렇게 놀라는 걸 처음 보았다.

"아빠, 공원 안에 들어간 거 아니었어요? 봉길이 삼촌은요?"

기선은 주위를 살피며 삼촌을 찾았다.

"봉길이 삼촌이 아빠를 말렸어. 삼촌은 일본인인 것처럼 하고 들어갔다. 그나저나, 너!"

"이제 전승 기념식을 시작하겠습니다. 기미가요(일본의 국가)를 부를 때 모두 힘차게 따라 불러 주십시오."

확성기로 기미가요의 반주가 흘러나오자, 아빠는 하던 말을 멈추고 사진기를 꽉 잡았다. 기선이 울먹거렸다.

"싫어. 삼촌이 죽는 거 싫어."

"쉿!"

아빠가 손가락을 입에 대며 주위를 살폈다.

"삼촌도 아기들이 있다고 했잖아. 아빠가 죽으면 어떡해. 그 아기들은 어떡해. 싫어……."

아빠가 무릎을 낮춰 기선과 마주 보았다. 기선이 눈물을 뚝뚝 흘리며 고개를 저었다. 아빠가 기선의 어깨를 당겨 안았다. 공원 안에 있는 사람들은 기미가요를 따라 부르고 있었다.

"윤봉길은 그의 아이들과 너와 또 많은 대한민국의 아이들을 위해서……."

"펑! 퍼펑! 펑!"

"으악!"

공원 안에서 폭탄이 터졌다. 사람들이 놀라서 지르는 괴성이 하늘을 찔렀다. 기선도 너무 놀라 아빠를 꽉 안았다.

아빠가 기선을 놓고 담장에 매달려 사진을 찍었다. 기선도 얼른 담장에 매달려 안을 살폈다. 단상 위에 일본 관리들이 쓰러져 있고, 주위로 수십 명의 군인이 달려와 호위했다. 구경하는 사람들을 총으로 위협하는 군인도 있었다. 더는 폭발 소리가 나지 않자 사람들이 하나둘 머리를 들고 주위를 살폈다.

"사령관님! 사령관님!"

"누구야! 빨리 잡아!"

"사령관님을 빨리 병원으로 호송해!"

일본 군인들이 다급하게 소리를 지르며 허둥거렸다. 쓰러진 관료들을 업고, 끌며 군인들이 단상을 내려왔다.

"폭탄 던진 놈을 빨리 찾아!"

"한 놈도 못 빠져나가게 지켜!"

군인들이 총을 휘두르며, 허리를 숙이고 주위를 살피는 구경꾼들을 헤집고 다녔다. 기선은 이리저리 눈을 굴리며 봉길이 삼촌을 찾았다.

'제발 숨어 있어요. 들키지 말아요.'

아빠가 사진기를 눈에 댄 채 어딘가를 보고 있었다. 기선도 아빠의 사진기가 향하는 곳을 보았다.

봉길이 삼촌이 무릎을 꿇고 도시락의 보자기를 풀고 있었다. 다급하게 손을 놀리고 있지만, 보자기는 풀리지 않았다. 갑자기 왜 보자기를 푸는지, 땅바닥에 납작 엎드려 일본 군인들을 피해야 하는데. 기선은 당장 달려가 삼촌의 도시락을 뺏고 싶었다. 삼촌은 보자기를 풀면서 점점 몸을 일으켰다.

"저놈이다!"

순간, 누군가 소리를 질렀고 사람들 사이에 있던 일본 군인이 삼촌을 덮쳤다. 아빠는 사진을 찍었다. 군인들이 삼촌을 마구 발로 밟고 때렸다.

"이것도 폭탄입니다!"

군인이 도시락을 치켜들고 소리를 질렀다. 삼촌 주위에서 사람들이 소리를 지르며 도망쳤다. 도시락도 폭탄이라니. 그럼 아까 단상에 터진 폭탄은? 삼촌은 지금 물병을 메고 있지 않았다. 물병이 단상에 던진 폭탄이었다.

군인들은 삼촌을 양쪽에서 붙잡고 정문 쪽으로 끌고 갔다. 기선도 정문으로 달려갔다. 막 삼촌이 끌려 나오고 있었다. 삼촌의 옷은 군홧발에 밟혀 엉망이었다. 뒤로 반듯이 넘겼던 머리도 흐트러지고 얼굴에 피가 배어나왔다. 기선이 다가서며 삼촌과 눈이 마주쳤다. 팔은 붙잡혀 있었지만, 삼촌이 손을 쫙 폈다. 오지 말라는 뜻이었다.

아빠는 기선을 데리고 어느 건물 지하로 들어갔다. 이곳도 임시 정부에서 몰래 쓰는 곳이라고 했다.

"임정 사무실에서 사진 찍던 그 사람들 다 어디 갔어요? 왜 봉길이 삼촌이 폭탄을 던져요? 왜 아무도 구하러 가지 않아요?"

대한민국 정부라면서, 왜 삼촌 혼자 폭탄을 던지게 하는지 이유를 몰라 화가 났다. 아빠가 기선을 안고 토닥였다.

"임시 정부 요인들은 일본 경찰의 눈을 피해 중국, 미국, 일본, 우리나라에서 독립운동하고 있단다. 그리고 우리나라 국민이라면 누구나 자기 자리에서 독립운동하고 있지. 이봉창과 윤봉길은 한인 애국단 소속으로 임무를 다한 것이고."

봉길이 삼촌의 마지막 모습이 자꾸 떠올랐다.

"기선아, 집에 혼자 갈 수 있지? 아빠는 윤봉길의 사진과 백범 김구 선생님의 편지를 신문사에 갖다 줘야 해."

할 수 없었다. 기선이 문을 열다 말고 물었다.

"백범 김구 선생님이 누구예요?"

"아, 아직 이름을 몰랐구나. 대한민국 임시 정부를 맡고 계신 분이잖니. 문지기라도 시켜달라며 임시 정부를 찾아왔던 분이지."

'문지기도 좋고 심부름꾼도 좋다. 무슨 일을 한들 어떠냐……'

문지기 아저씨가 했던 말이 생각났다. 기선은 그다음 말을 알 것 같았다.

"우리나라의 독립을 위해서라면."

약속

기선은 집에 오자마자 쓰러져 잠이 들었다. 폭탄이 터지는 꿈에 삼촌이 울고 있는 꿈에, 아빠가 잡혀가는 꿈이 뒤범벅되어 기선을 괴롭혔다.

"아빠는?"

기선은 일어나자마자 아빠를 찾았다.

"아빠는 신문사에 갔다가 몸을 피한다고 했다. 지금 상해에 일본 군인과 경찰들이 쫙 깔렸어. 폭탄 던진 사람이 조선 사람이라고, 조선 사람들 집을 다 뒤지고 다닌단다. 주동자를 찾는다고."

엄마는 기선이와 동생들에게 아빠는 난징에 장사하러 가신 거라고 단단히 주의를 시키면서도 안절부절못했다. 점심때쯤 누군가 마당으로 신문 뭉치를 던졌다.

신문에는 훙커우 공원에서 일본 관료들이 쓰러진 기념식 단상 사진과 윤봉길이 붙잡혀 가는 사진이 실려 있었다. 기선은 엄마와 동생들에게 백범 김구의 편지를 읽어 주었다.

훙커우 공원의 의거는 일본의 만행을 단죄하려는 대한민국 국민의 염원을 담아 대한민국 임시 정부 한인 애국단 소속 윤봉길이 폭탄을 투척했다. 지난 1월 이봉창의 의거와 더불어 이 모든 것은 백범 김구가 주도한 것이다. 대한민국은 독립국임을 세계만방에 알린다는 백범 김구, 문지기 아저씨의 강한

음성이 그대로 들리는 것 같았다.

   중국 신문은 중국 사람들이 하지 못한 일을 윤봉길이 해냈다며 칭찬하는 기사를 가득 실었고, 다른 나라 신문도 대한민국이 독립을 위해 다시 일어섰다고 놀라워하며 소식을 전했다.

신문을 읽는 기선은 혼란스러웠다. 독립운동을 칭찬하는 글에 자랑스러워해야 하는데, 일본 군인들에게 붙잡힌 봉길이 삼촌의 사진만 크게 보였다.

'아빠는 어디로 몸을 피했을까? 문지기 아저씨는 어떻게 되었을까?'

일본 경찰들이 임정 사무실에 들이닥치면 아저씨는 꼼짝없이 잡혀간다. 지금 아저씨가 잡혀간다면, 앞으로 독립운동을 제대로 못 할 수도 있다. 봉길이 삼촌이 목숨을 걸고 의거를 일으킨 일이 묻혀 버릴 수도 있었다.

기선은 엄마 몰래 거리로 나가 보았다. 정말 일본 군인들이 곳곳에 보였다. 기선은 일부러 중국 노래를 부르며 프랑스 공원을 빙 돌며 걸어 다녔다. 임정 사무실 근처라도 가 보고 싶었다.

"기선?"

자신을 부르는 소리에 놀라 기선이 두리번거렸다. 긴 코트를 입고 까만 안경과 중절모를 쓴 남자가 기선을 보고 있었다. 기선이 뒤로 주춤거리자 그 아저씨가 다가왔다.

"아빠는 잘 있지?"

아, 임정 사무실에서 보았던 서양 아저씨였다.

'왜 아빠 소식을 묻지? 문지기 아저씨와 같이 있었던 걸 보면 나쁜 사람은 아닌 것 같은데.'

"아빠는 장사하러……."

말하는데 일본 군인들이 열을 맞춰 다가오는 소리가 들렸다. 기선이 얼어붙었다. 서양 아저씨가 기선의 어깨를 감쌌다.

"우리 집에 놀러 가자. 문지기가 있어."

기선이 놀라 두 손으로 입을 가렸다. 서양 아저씨가 고개를 끄덕였다.

문지기 아저씨는 기선을 보자 몹시 반가워했다. 아저씨는 아빠의 소식을 물었고, 봉길이 삼촌 얘기를 들을 땐 두 손으로 얼굴을 감쌌다.

"나는 어젯밤에 여기 피치 씨네 집으로 피신했단다. 오늘 밤 안으로 상해를 떠나야 할 것 같은데……. 피치 씨가 밖에 다니며 상황을 보고 있다."

기선은 허리를 숙여 피치 씨에게 인사했다.

"기선, 걱정하지 마. 너희 나라는 꼭 독립할 거야. 이봉창과 윤봉길의 의거로, 중국과 세계 여러 나라가 대한민국 임시 정부를 인정하고 도와주려 하고 있어."

피치 씨가 밝은 목소리로 말하며 주먹을 쥐어 보였다.

"이제 더 지체할 시간이 없구나."

문지기 아저씨가 가방을 들었다. 피치 씨가 현관문을 열어 바깥을 살폈다.

"저기, 두 분이 옷을 바꿔 입으면 어때요?"

문지기 아저씨와 피치 씨가 서로 훑어보다가 고개를 끄덕였다. 키가 큰 문지기 아저씨는 피치 씨의 코트를 입고 모자와 까만 안경테를 쓰니 완전히 서양 사람 같았다.

"기선아, 얼른 집에 가서 어머니를 도와 떠날 채비를 해라. 임정 요인들 가족 모두 상해를 떠날 것이다."

"네? 우리도 떠난다고요? 아저씨만 피하는 게 아니고요?"

피치 씨의 말 때문에 기분이 좋아졌던 기선은 너무 놀랐다. 우리나라로 가는 게 아니라면, 상해를 떠난다고 생각해 본 적이 없었다. 남의 나라지만 기선이 태어난 곳이다. 친구들도 있다.

"어디로 가는데요?"

"상해를 떠나면 연락책이 알려 줄 것이다. 아무래도 일본 경찰의 눈을 피해 여기저기로 옮겨 다닐 것 같구나."

"떠돌이 생활을 한다고요? 망국노도 모자라, 이젠 떠돌이 생활까지 해야 한다고요?"

기선이 울먹였다.

"어린 너희에게 정말 미안하구나. 하지만 우리는 그냥 떠돌지 않는다. 우리 여정의 이유는 독립운동이고, 여정의 끝은 대한민국이 당당한 독립국이 되는 것이다."

문지기 아저씨가 기선의 눈을 마주 보며 힘주어 말했다. 그래도 기선은 불안했다. 중국 땅을 떠돌다가 영영 우리나라에 못 갈까 봐. 그리고…….

문지기 아저씨가 손을 내밀었다.

"너는 우리나라에서 선생님이 될 준비를 해라. 윤봉길의 약속을 꼭 지켜 주마."

봉길이 삼촌의 약속이 중국 땅에서 흩어져 버릴까 봐 걱정했던 기선의 마음에 따뜻한 바람이 불었다.

기선이 천천히 손을 내밀어 문지기 아저씨의 손을 잡았다.